Vertrauenswürdig

Denn was der Herr sagt, das meint er auch so, und auf das, was er tut, kann man sich verlassen.

—*Psalm 33,4*

01.01.

Unaufhörliche Gnade

Ja, Herr, du wirst dich auch in Zukunft um mich kümmern, deine Gnade hört niemals auf! Was du angefangen hast, das führe zu einem guten Ende!

—Psalm 138,8

Freie Bahn

Ich gehe vor dir her und räume dir alle Hindernisse aus dem Weg.

—Jesaja 45,2

Versorgung mit dem Nötigen

Sorgt euch vor allem um Gottes neue Welt, und lebt nach Gottes Willen! Dann wird er euch mit allem anderen versorgen.

—*Matthäus 6,33*

30.12.

Aufmerksamkeit

Der Herr beschützt dich; er lässt dich nicht in eine Falle laufen.

—*Sprüche 3,26*

Vollkommene Freude

Bisher habt ihr in meinem Namen nichts von Gott erbeten. Bittet ihn, und er wird es euch geben. Dann wird eure Freude vollkommen sein.

—*Johannes 16,24*

Wohlergehen

Beachtet alle Weisungen, die ich euch gebe! Dann wird es euch und euren Nachkommen für immer gut gehen.

—5. Mose 12,28

Erlösung durch sein Blut

Denn durch sein Blut, das er am Kreuz vergossen hat, sind wir erlöst, sind unsere Sünden vergeben.

—Epheser 1,7

Endlose Liebe

Ich bin der Herr, der barmherzige und gnädige Gott. Meine Geduld ist groß, meine Liebe und Treue kennen kein Ende!

—2. Mose 34,6

05.01.

Herrlichkeit

Wir werden einmal an Gottes
Herrlichkeit teilhaben.

—Römer 5,2

27.12.

Frieden in Christus

Durch Christus haben wir Frieden.

—*Epheser 2,14*

26.12.

Friedensspender

Richtet euch nach dem, was ich euch gelehrt habe, und lebt nach meinem Vorbild. Dann wird Gott bei euch sein und euch seinen Frieden schenken.

—Philipper 4,9

Leben wie er

Weil ich lebe, werdet auch ihr leben.

—*Johannes 14,19*

25.12.

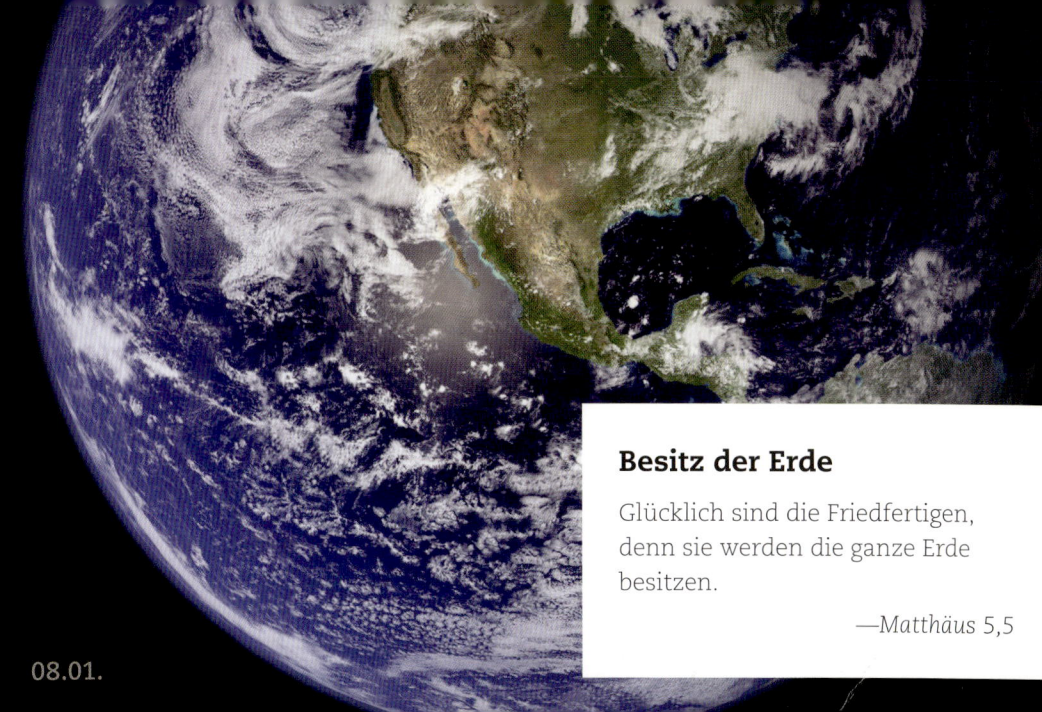

Besitz der Erde

Glücklich sind die Friedfertigen, denn sie werden die ganze Erde besitzen.

—*Matthäus 5,5*

08.01.

Fast zu viele Geschenke

Gebt, was ihr habt, dann werdet ihr so reich beschenkt werden, dass ihr gar nicht alles aufnehmen könnt.

—*Lukas 6,38*

Erfüllung mit Gottes Geist

Mit meinem Geist erfülle ich euch, damit ihr nach meinen Weisungen lebt, meine Gebote achtet und sie befolgt.

—Hesekiel 36,27

09.01.

Unwandelbarkeit

Ich, der Herr, wandle mich nicht.

—*Maleachi 3,6*

23.12.

Unvorstellbares Handeln

Gott aber kann viel mehr tun, als wir jemals von ihm erbitten oder uns auch nur vorstellen können. So groß ist seine Kraft, die in uns wirkt.

—*Epheser 3,20*

Befreiung von Sünden

Sie wird einen Sohn bekommen, den sollst du Jesus nennen. Denn er wird die Menschen seines Volkes von ihren Sünden befreien.

—*Matthäus 1,21*

22.12.

Abgewaschene Schuld

Mit reinem Wasser wasche ich eure Schuld von euch ab.

—*Hesekiel 36,25*

Erbschaft

Gehört ihr aber zu Christus, dann seid auch ihr Nachkommen Abrahams. Als seine Erben bekommt ihr alles, was Gott ihm zugesagt hat.

—Galater 3,29

Befreiung

Aus der Hand boshafter und gewalttätiger Menschen werde ich dich befreien.

—Jeremia 15,21

Helfender Beistand

Ich, der Herr, bin bei euch, um euch zu helfen.

—*Jeremia 30,11*

Schutz

Der Herr beschützt jeden, der ihm vertraut, doch wer von ihm nichts wissen will, der wird in Finsternis enden. Denn aus eigener Kraft erringt keiner den Sieg.

—1. Samuel 2,8–9

13.01.

Gott kennen

Wenn ihr diesen Weg geht und dabei weiter vorankommt, wird euer Glaube nicht leer und wirkungslos bleiben, sondern ihr werdet unseren Herrn Jesus Christus immer besser kennen lernen.

—2. Petrus 1,8

19.12.

Mütterlicher Trost

Ich will euch trösten wie eine Mutter ihr Kind.

—Jesaja 66,13

Gottesnähe

Der Herr ist denen nahe, die zu ihm beten und es ehrlich meinen.

—*Psalm 145,18*

Adlerstärke

Seine Liebe und Güte umgeben mich. Mein Leben lang gibt er mir Gutes im Überfluss, darum fühle ich mich jung und stark wie ein Adler.

—*Psalm 103,4–5*

15.01.

Einpflanzung

Ich habe einen guten Plan mit ihnen und bringe sie in ihr Land zurück. Dort werde ich sie aufbauen und nicht mehr niederreißen, einpflanzen und nicht wieder entwurzeln.

—Jeremia 24,6

Rückhalt

Wer dich angreift, bekommt es mit mir zu tun!

—Jesaja 49,25

16.01.

Gotteserkenntnis

Ich schenke dir Liebe und Barmherzigkeit, ich schütze dich und helfe dir; immer werde ich treu sein und dich nie verlassen. Daran wirst du erkennen, dass ich der Herr bin!

—*Hosea 2,21–22*

Verständnis

Wenn aber der Geist der Wahrheit kommt, hilft er euch dabei, die Wahrheit vollständig zu erfassen.

—*Johannes 16,13*

Unbeschädigt sein

Ohne Gottes Willen wird euch kein Haar gekrümmt werden.

—Lukas 21,18

15.12.

Nähe

Sucht die Nähe Gottes, dann wird er euch nahe sein.

—Jakobus 4,8

Zunehmende Helligkeit

Wer aber Gott gehorcht, dessen Leben gleicht einem Sonnenaufgang: Es wird heller und heller, bis es lichter Tag geworden ist.

—*Sprüche 4,18–19*

Erhörung

Ich verlasse mich auf den Herrn,
ich warte auf seine Hilfe. Ja, mein
Gott wird mich erhören!

—Micha 7,7

19.01.

Schutz vorm Scheitern

Wer dein Gesetz lieb hat, lebt in Frieden und wird niemals scheitern.

—*Psalm 119,165*

Willenskraft

Gott allein ist es, der beides in euch bewirkt: Er schenkt euch den Willen und die Kraft, ihn auch so auszuführen, wie es ihm gefällt.

—*Philipper 2,13*

20.01.

Befähigung

Ich kann Mangel leiden und Überfluss haben. Alles kann ich durch Christus, der mir Kraft und Stärke gibt.

—Philipper 4,12–13

Segen

Auf euch ruht der Segen des Herrn, der Himmel und Erde geschaffen hat.

—Psalm 115,15

21.01.

Gotteserkenntnis für alle

Alle – vom Kleinsten bis zum Größten – werden erkennen, wer ich bin. Ich vergebe ihnen ihre Schuld und denke nicht mehr an ihre Sünden. Mein Wort gilt!

—*Jeremia 31,34*

Rechtsbeistand

Wer dich vor Gericht anklagen will, den wirst du als den Schuldigen entlarven. Das gilt für alle, die in meinem Dienst stehen; ich sorge für ihr Recht. Mein Wort gilt!

—*Jesaja 54,17*

Durchsetzung

Wer sein Recht nicht durchsetzen kann, den hat Gott nicht vergessen, auch wenn es zunächst so scheint.

—Psalm 9,19

Freiheit

Wenn euch der Sohn Gottes befreit, dann seid ihr wirklich frei.

—*Johannes 8,36*

Segen auf Generationen

Glücklich ist, wer dem Herrn in Ehrfurcht begegnet und sich über seine Gebote freut! Seine Nachkommen werden im ganzen Land hohes Ansehen genießen, denn Gottes Segen liegt auf jeder Generation, die sich von ihm nicht abbringen lässt.

—Psalm 112,1–2

Ewiges Leben

Meine Schafe erkennen meine Stimme; ich kenne sie, und sie folgen meinem Ruf. Ihnen gebe ich das ewige Leben, und sie werden niemals umkommen.

—*Johannes 10,27–28*

24.01.

Begeisterung

Der Herr wird dich lieben und sich über dich freuen, und dein Land wird nicht mehr vereinsamt sein.

—Jesaja 62,4

08.12.

Siegreicher Schutz

Fürchte dich nicht, denn ich bin bei dir; hab keine Angst, denn ich bin dein Gott! Ich mache dich stark, ich helfe dir, mit meiner siegreichen Hand beschütze ich dich!

—*Jesaja 41,10*

Sättigung

Ich allein bin der Herr, dein Gott.
Nach mir sollst du verlangen, und
ich werde dich sättigen, ja, ich
schenke dir Segen im Überfluss!

—*Psalm 81,11*

Leben ohne Mangel

Der Herr ist mein Hirte.
Nichts wird mir fehlen.

—Psalm 23,1

Überall beschenkt

Gott beschenkt euch zu Hause und draußen auf dem Feld.

—5. Mose 28,3

06.12.

Freude

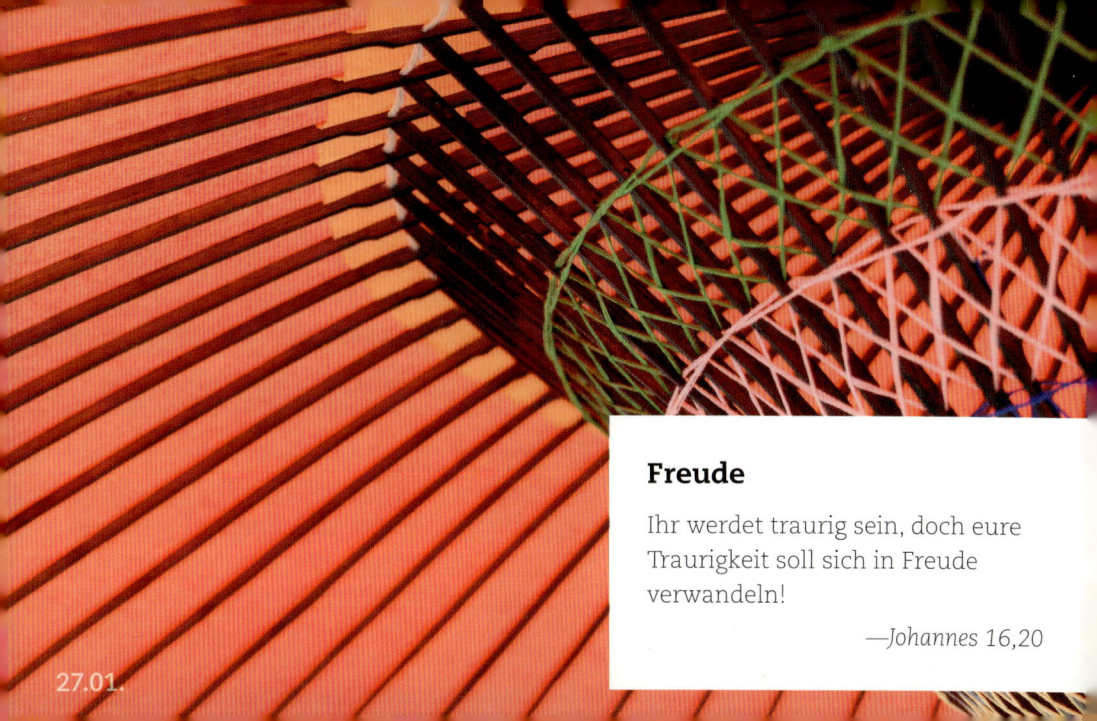

Ihr werdet traurig sein, doch eure Traurigkeit soll sich in Freude verwandeln!

—Johannes 16,20

Macht

Der Herr wird seinem Volk Macht verleihen, er wird es segnen und ihm Frieden schenken.

—*Psalm 29,11*

05.12.

Erfüllung

Was ihr mir zutraut, das soll sich erfüllen.

—Matthäus 9,29

28.01.

Ewig gültige Worte

Himmel und Erde werden vergehen; meine Worte aber gelten für immer.

—Matthäus 24,35

Verband

Der Herr heilt den, der innerlich zerbrochen ist, und verbindet seine Wunden.

—Psalm 147,2–3

Erhörung wegen Gottgefälligkeit

Gott wird uns geben, worum wir ihn bitten; denn wir richten uns nach seinen Geboten und leben, wie es ihm gefällt.

—1. Johannes 3,22

03.12.

Getragen sein

Er, der ewige Gott, breitet seine Arme aus, um euch zu tragen und zu schützen. Er hat eure Feinde besiegt.

—5. Mose 33,27

Freiheit

Wo der Geist des Herrn ist, da ist Freiheit.

—*2. Korinther 3,17*

02.12.

Wiedersehen

Auch ihr seid jetzt sehr traurig, aber ich werde euch wiedersehen. Dann werdet ihr froh und glücklich sein, und diese Freude kann euch niemand mehr nehmen.

—*Johannes 16,22*

31.01.

Bewahrung des Glaubens

Jesus hat uns den Glauben geschenkt und wird ihn bewahren, bis wir am Ziel sind.

—*Hebräer 12,2*

01.12.

Unterweisung

Der Heilige Geist, den euch der Vater an meiner Stelle als Helfer senden wird, er wird euch an all das erinnern, was ich euch gesagt habe, und euch meine Worte erklären.

—*Johannes 14,26*

Abschirmung

Dir wird nichts Böses zustoßen, kein Unglück wird dein Haus erreichen.

—Psalm 91,10

30.11.

Beachtung

Ich werde jeden beachten, der hier zu mir betet, und auf seine Bitten hören.

—*2. Chronik 7,15*

Ungebundenheit

Die Sünde hat ihre Macht über euch verloren. Denn ihr seid nicht länger an das Gesetz gebunden, sondern ihr lebt von der Barmherzigkeit Gottes.

—Römer 6,14

Anerkennung

Durch Jesus Christus haben wir Anerkennung vor Gott gefunden, durch ihn können wir ein Leben führen, wie es Gott gefällt, und durch ihn sind wir auch befreit von unserer Schuld.

—1. Korinther 1,30

Gebetserhörung

Nicht ihr habt mich erwählt, sondern ich euch, damit ihr euch auf den Weg macht und Frucht bringt, die bleibt. Dann wird euch der Vater alles geben, worum ihr ihn in meinem Namen bittet.

—*Johannes 15,16*

28.11.

Festung

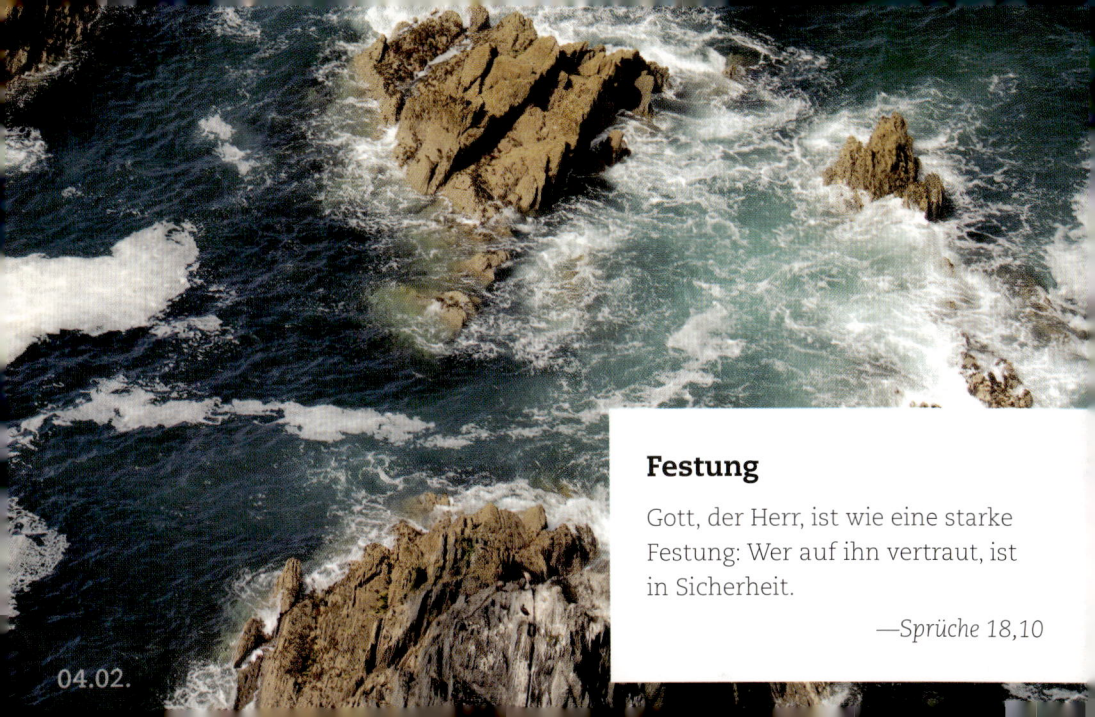

Gott, der Herr, ist wie eine starke Festung: Wer auf ihn vertraut, ist in Sicherheit.

—Sprüche 18,10

04.02.

Unversehrtheit

Wenn du durch tiefes Wasser oder reißende Ströme gehen musst – ich bin bei dir, du wirst nicht ertrinken. Und wenn du ins Feuer gerätst, bleibst du unversehrt. Keine Flamme wird dich verbrennen.

—*Jesaja 43,2*

Sein Geist

Wenn schon ihr hartherzigen Menschen euren Kindern Gutes gebt, wie viel mehr wird der Vater im Himmel denen den Heiligen Geist schenken, die ihn darum bitten.

—*Lukas 11,13*

Kämpfer

Der Herr, euer Gott, kämpft selbst für euch, wie er es versprochen hat.

—*Josua 23,10*

26.11.

Auferbauung

Ich bin auf eurer Seite und sorge dafür, dass ihr wieder bebaut und besät werdet.

—Hesekiel 36,9

Begrenzte Anklage

Ich will sie nicht ständig anklagen und nicht für immer zornig sein. Denn sonst würden sie vergehen, die Menschen, die ich doch selbst geschaffen habe.

—*Jesaja 57,16*

25.11.

Strahlende Freude

Wer zum Herrn aufschaut, der strahlt vor Freude, und sein Vertrauen wird nie enttäuscht.

—Psalm 34,6

07.02.

Endgültiger Sieg

Gott, von dem aller Friede kommt, wird bei euch den Satan bald endgültig besiegt haben.

—Römer 16,20

24.11.

Geleit

Sei mutig und entschlossen! Lass dich nicht einschüchtern, und hab keine Angst! Denn ich, der Herr, dein Gott, bin bei dir, wohin du auch gehst.

—*Josua 1,9*

08.02.

Sicherheit bei Ihm

Wer aber dem Herrn treu bleibt, wird sich über ihn freuen und bei ihm sicher sein.

—Psalm 64,11

Dauerhafter Frieden

Ich gebe euch dauerhaften Frieden und Sicherheit.

—*Jeremia 33,6*

09.02.

Frieden durch Jesus

Dies alles habe ich euch gesagt, damit ihr durch mich Frieden habt. In der Welt habt ihr Angst, aber lasst euch nicht entmutigen: Ich habe die Welt besiegt.

—Johannes 16,33

22.11.

Anteilnahme

Am Schicksal der Hilflosen nimmt er Anteil und bewahrt sie vor dem sicheren Tod. Er befreit sie von Gewaltherrschaft, ihrer Unterdrückung macht er ein Ende, denn in seinen Augen ist ihr Leben wertvoll.

—Psalm 72,13–14

21.11.

Hirte

Geht es auch durch dunkle Täler, fürchte ich mich nicht, denn du, Herr, bist bei mir. Du beschützt mich mit deinem Hirtenstab.

—*Psalm 23,4*

Untrennbare Verbundenheit

Nichts in der ganzen Welt kann uns jemals trennen von der Liebe Gottes.

—Römer 8,38–39

Rechtshilfe

Nimm dir nicht vor, Unrecht heimzuzahlen! Vertraue dem Herrn, denn er wird dir zum Recht verhelfen!

—*Sprüche 20,22*

Rast

Kommt alle her zu mir, die ihr euch abmüht und unter eurer Last leidet! Ich werde euch Ruhe geben.

—*Matthäus 11,28*

Genesung

Glücklich ist, wer sich für die Schwachen einsetzt! Wenn er auf dem Krankenbett liegt, steht der Herr ihm zur Seite und hilft ihm wieder auf.

—Psalm 41,2+4

Gegenliebe

Ich liebe den, der mich liebt; wer sich um mich bemüht, der wird mich finden.

—*Sprüche 8,17*

13.02.

Erhörung von Bitten

Wir dürfen uns darauf verlassen, dass Gott unser Beten erhört, wenn wir ihn um etwas bitten, was seinem Willen entspricht.

—1. Johannes 5,14

Gemeinschaft

Gott sorgt dafür, dass unsere Schuld gesühnt wird und wir mit ihm Gemeinschaft haben können.

—*Römer 1,17*

14.02.

Befreit von Sünde

Jetzt seid ihr frei von der Sünde und dient Gott als seine Knechte. Ihr gehört zu ihm und tut, was ihm gefällt, und schließlich schenkt er euch das ewige Leben.

—Römer 6,22

Barmherzigkeit

Die Sünde hat ihre Macht über euch verloren. Denn ihr seid nicht länger an das Gesetz gebunden, sondern ihr lebt von der Barmherzigkeit Gottes.

—*Römer 6,14*

Bewahrung vor Unheil

Der Herr schützt dich vor allem Unheil, er bewahrt dein Leben.

—*Psalm 121,7*

Gehorsam

Der Herr segnet den, der ihm gehorcht.

—*Sprüche 3,33*

16.02.

Freude über uns

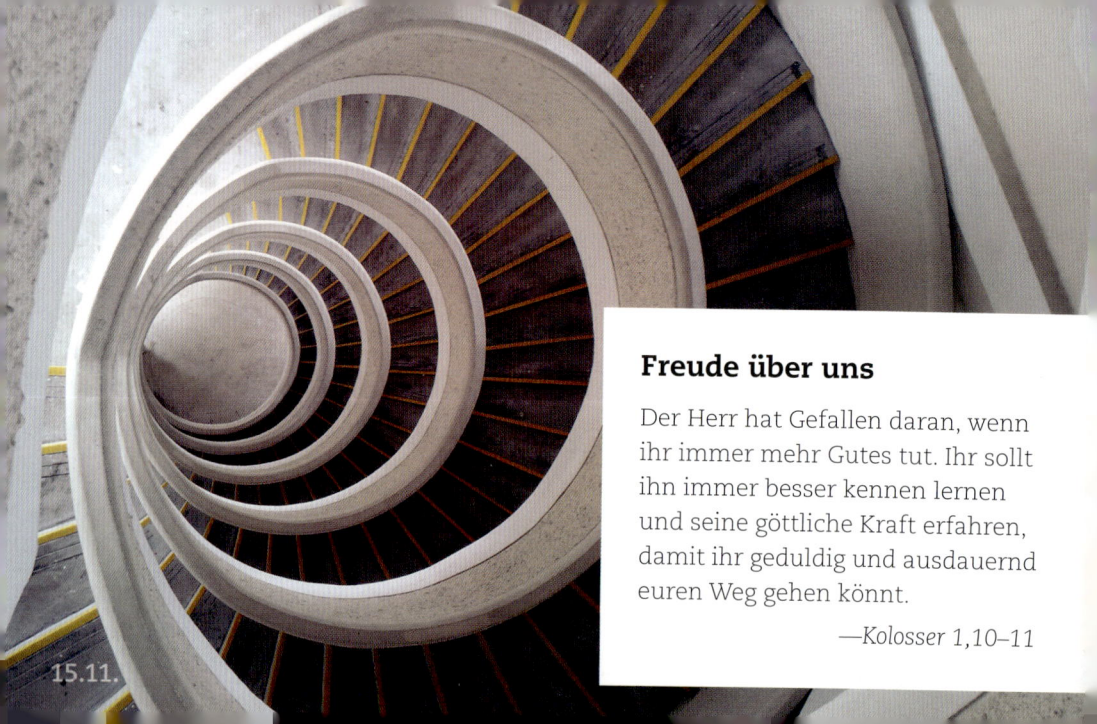

Der Herr hat Gefallen daran, wenn ihr immer mehr Gutes tut. Ihr sollt ihn immer besser kennen lernen und seine göttliche Kraft erfahren, damit ihr geduldig und ausdauernd euren Weg gehen könnt.

—*Kolosser 1,10–11*

Abhilfe

Zwar bleiben auch dem, der treu zu Gott steht, Schmerz und Leid nicht erspart; doch aus allem befreit ihn der Herr!

—Psalm 34,20

17.02.

Getrocknete Tränen

Er wird alle ihre Tränen trocknen, und der Tod wird keine Macht mehr haben. Leid, Klage und Schmerzen wird es nie wieder geben; denn was einmal war, ist für immer vorbei.

—*Offenbarung 21,4*

Freispruch

Der Herr hat das Urteil gegen euch aufgehoben; eure Feinde hat er hinweggefegt.

—*Zefanja 3,15*

Bundestreue

Der Herr, euer Gott, ist der wahre und treue Gott! Über Tausende von Generationen steht er zu seinem Bund und erweist allen seine Güte, die ihn lieben und sich an seine Gebote halten.

—5. Mose 7,9

13.11.

Rückkehr Jesu

Gott hat Jesus aus eurer Mitte zu sich in den Himmel genommen; aber eines Tages wird er genauso zurückkehren.

—Apostelgeschichte 1,11

19.02.

Geborgenheit und Sicherheit

Bei Gott bin ich sicher und geborgen; was er tut, ist nie verkehrt!

—Psalm 92,16

Sicherheit

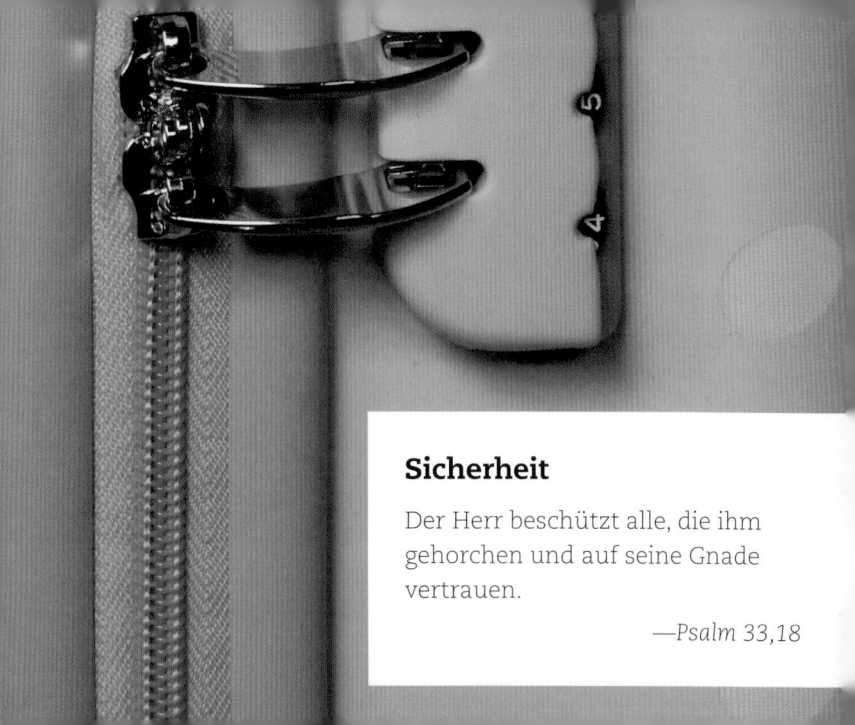

Der Herr beschützt alle, die ihm gehorchen und auf seine Gnade vertrauen.

—Psalm 33,18

20.02.

Navigationshilfe

Und kommt ihr vom richtigen Weg ab, so hört ihr hinter euch eine Stimme: »Halt, dies ist der Weg, den ihr einschlagen sollt!«

—Jesaja 30,21

Barmherzigkeit

Glücklich sind die Barmherzigen, denn sie werden Barmherzigkeit erfahren.

—*Matthäus 5,7*

21.02.

Sehkraft

Der Herr macht die Blinden wieder sehend und richtet die Niedergeschlagenen auf. Er bietet den Ausländern Schutz und versorgt die Witwen und Waisen.

—Psalm 146,8–9

10.11.

Befreiung von Schuld

Leben wir aber im Licht, so wie Gott im Licht ist, dann haben wir Gemeinschaft miteinander. Und das Blut, das sein Sohn Jesus Christus für uns vergossen hat, befreit uns von aller Schuld.

—*1. Johannes 1,7*

Unterstützung

Er rettet den Wehrlosen, der um Hilfe fleht; den Schwachen, dem jeder andere seine Unterstützung versagt.

—*Psalm 72,12*

09.11.

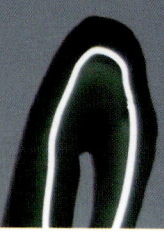

Erhörung

Wenn ihr dann zu mir ruft, wenn ihr kommt und zu mir betet, will ich euch erhören.

—*Jeremia 29,12*

Umsorgt werden

Der Herr kümmert sich liebevoll um alle, die ihm treu bleiben. Tag für Tag sorgt er für sie.

—Psalm 37,17–18

08.11.

Gelingen

Vertraue Gott deine Pläne an, er wird dir Gelingen schenken.

—*Sprüche 16,3*

24.02.

Hoffnung

Ich, der Hohe und Erhabene, der ewige und heilige Gott, wohne in der Höhe, im Heiligtum. Doch ich wohne auch bei denen, die traurig und bedrückt sind. Ich gebe ihnen neuen Mut und erfülle sie wieder mit Hoffnung.

—*Jesaja 57,15*

Annahmestelle für Sorgen

Überlass alle deine Sorgen dem Herrn! Er wird dich wieder aufrichten; niemals lässt er den scheitern, der treu zu ihm steht.

—Psalm 55,23

25.02.

Errettung aus Glauben

Wenn du mit deinem Mund bekennst: »Jesus ist der Herr!«, und wenn du von ganzem Herzen glaubst, dass Gott ihn von den Toten auferweckt hat, dann wirst du gerettet werden.

—Römer 10,9

06.11.

Leben in Ewigkeit

Wer lebt und mir vertraut,
wird niemals sterben.

—Johannes 11,26

26.02.

Lohn

Wer einen meiner unbedeutendsten Jünger auch nur mit einem Schluck kaltem Wasser erfrischt, weil dieser zu mir gehört, der wird seinen Lohn erhalten. Darauf könnt ihr euch verlassen!

—*Matthäus 10,42*

Widerstand

Selbst wenn ich von allen Seiten bedrängt werde, erhältst du mich am Leben! Du stellst dich meinen zornigen Feinden entgegen und rettest mich durch deine Macht.

—*Psalm 138,7*

27.02.

Vorsorge

Gott hat uns alles geschenkt, was wir brauchen, um zu leben, wie es ihm gefällt.

—2. Petrus 1,3

04.11.

Gute Gaben

Sie werden auf den Berg Zion kommen und jubeln vor Freude; dann genießen sie die guten Gaben, die ich ihnen schenke. Mein Volk wird einem gut bewässerten Garten gleichen, nie wieder werden sie Mangel leiden.

—Jeremia 31,12

Anteil

Der Herr hat euch zugesagt, dass ihr an seinem ewigen Wesen und Leben Anteil haben werdet.

—*2. Petrus 1,4*

In Erinnerung bleiben

Ich habe euch geschaffen, ihr gehört zu mir und seid meine Diener! Niemals werde ich euch vergessen.

—Jesaja 44,21

29.02.

Antwort auf Gebet

Wenn ihr aber fest mit mir verbunden bleibt und euch meine Worte zu Herzen nehmt, dürft ihr von Gott erbitten, was ihr wollt; ihr werdet es erhalten.

—*Johannes 15,7*

Herrlichkeit

Worum ihr in meinem Namen bitten werdet, das werde ich tun, damit durch den Sohn die Herrlichkeit des Vaters sichtbar wird.

—Johannes 14,13

Trost für Trauernde

Glücklich sind die Trauernden,
denn sie werden Trost finden.

—Matthäus 5,4

Todesgrenze überschreiten

Wer meine Botschaft hört und an den glaubt, der mich gesandt hat, der wird ewig leben. Ihn wird das Urteil Gottes nicht treffen, denn er hat die Grenze vom Tod zum Leben schon überschritten.

—Johannes 5,24

02.03.

Innere Kraft

Meine Gnade ist alles, was du brauchst! Denn gerade wenn du schwach bist, wirkt meine Kraft ganz besonders an dir.

—2. Korinther 12,9

31.10.

Frucht

Wer bei mir bleibt, so wie ich bei ihm bleibe, der trägt viel Frucht.

—*Johannes 15,5*

Zuverlässiger Beistand

Der Herr aber hält sein Versprechen: Er lässt euch nicht im Stich.

—1. Samuel 12,22

30.10.

Ebener Weg

Mein blindes Volk werde ich führen. Ich mache die Dunkelheit um sie her zum Licht. Alle Steine räume ich zur Seite, die Schlaglöcher fülle ich aus, damit sie auf einer ebenen Straße gehen können.

—Jesaja 42,16

Lebendiges Herz

Ich will euch ein anderes Herz und einen neuen Geist geben. Ich nehme das versteinerte Herz aus eurer Brust und gebe euch ein lebendiges Herz.

—Hesekiel 36,26

29.10.

Wiederkunft

Ich lasse euch nicht allein zurück.
Ich komme wieder zu euch.

—*Johannes 14,18*

Gesundheit

Der Herr bewahrt dich vor versteckten Gefahren und vor tödlicher Krankheit.

—Psalm 91,3

28.10.

Bewahrung

Weil Jesus Christus von den Toten auferstanden ist, haben wir die Hoffnung auf ein neues, ewiges Leben. Bis dahin wird euch Gott durch seine Kraft bewahren, weil ihr ihm vertraut.

—1. Petrus 1,3+5

06.03.

Erhörung finden

Was ihr also in meinem Namen erbitten werdet, das werde ich tun.

—*Johannes 14,14*

Sprachfähigkeit

Zur rechten Zeit wird Gott euch das rechte Wort geben.

—*Matthäus 10,19*

07.03.

Königreich

Du kleine Herde, du brauchst keine Angst vor der Zukunft zu haben! Denn dir will der Vater sein Königreich schenken.

—Lukas 12,32

26.10.

Unerschütterlichkeit

Betrachtet es als Grund zur Freude, wenn euer Glaube immer wieder hart auf die Probe gestellt wird. Denn durch solche Bewährungsproben wird euer Glaube fest und unerschütterlich.

—Jakobus 1,2–3

08.03.

Erbarmen

Kehr deinem alten Leben den Rücken, und komm zum Herrn! Er wird sich über dich erbarmen. Unser Gott vergibt uns, was auch immer wir getan haben.

—*Jesaja 55,7*

25.10.

Aufrichtigkeit

Wenn aber aufrichtige Menschen zu ihm rufen, hört er sie und rettet sie aus jeder Not.

—Psalm 34,18

Leben durch ihn

Jesus sagt: »Ich lebe durch die Kraft des lebendigen Gottes, der mich gesandt hat. Ebenso wird jeder, der meinen Leib isst, durch mich leben.«

—Johannes 6,57

Liebesfähigkeit

Der Herr, euer Gott, wird euch und eure Kinder im Herzen verändern. Er wird euch fähig machen, ihn aufrichtig und mit ganzer Hingabe zu lieben.

—5. Mose 30,6

Wohnen

Der Geliebte des Herrn wird sicher wohnen; allezeit wird Er die Hand über ihm halten.

—*5. Mose 33,12*

Gerechtigkeit

Wer selber Frieden schafft, wird die Gerechtigkeit ernten, die dort aufgeht, wo Frieden herrscht.

—*Jakobus 3,18*

Liebe

Wer treu zu Gott steht, der erfährt seine Liebe, aber wer ihn verachtet, den führt er in die Irre.

—Psalm 146,8–9

22.10.

Erbarmen

Wer seine Sünden vertuscht, hat kein Glück; wer sie aber bekennt und meidet, über den erbarmt sich der Herr.

—Sprüche 28,13

21.10.

Lebenserhaltung

Gott erhält uns am Leben, er lässt uns nicht untergehen.

—Psalm 66,9

Unverzügliches Handeln

Meint ihr, Gott wird seinen Auserwählten nicht zum Recht verhelfen, wenn sie ihn Tag und Nacht darum bitten? Wird er sie etwa lange warten lassen? Nein! Ich versichere euch: Er wird ihnen schnellstens helfen.

—Lukas 18,7–8

13.03.

Segen an allen Orten

Der Herr wird euch segnen, wenn ihr nach Hause kommt und wenn ihr wieder aufbrecht.

—*5. Mose 28,6*

20.10.

Versöhnung mit Gott

Er wurde für uns bestraft – und wir? Wir haben nun Frieden mit Gott! Durch seine Wunden sind wir geheilt.

—Jesaja 53,5

Ewiges Leben

Gott schenkt uns in der Gemeinschaft mit Jesus Christus, unserem Herrn, ewiges Leben.

—*Römer 6,23*

Außenwirkung

Aber ihr werdet den Heiligen Geist empfangen und durch seine Kraft meine Zeugen sein in Jerusalem und Judäa, in Samarien und auf der ganzen Erde.

—*Apostelgeschichte 1,8*

15.03.

Sieg

Der Herr, euer Gott, zieht mit euch in die Schlacht! Er kämpft auf eurer Seite und gibt euch den Sieg über eure Feinde!

—5. Mose 20,4

Rettung bei Hilferuf

Wenn du keinen Ausweg mehr siehst, dann rufe mich zu Hilfe! Ich will dich retten, und du sollst mich preisen.

—*Psalm 50,15*

Weisheit

Dem Menschen, der Gott gefällt, gibt er Weisheit, Erkenntnis und Freude.

—Prediger 2,26

17.03.

Weitwurf

So fern, wie der Osten vom Westen liegt, so weit wirft Gott unsere Schuld von uns fort!

—Psalm 103,12

Festhalten am Bund

Der Herr, euer Gott, ist barmherzig. Er gibt euch nicht auf und lässt euch niemals untergehen. Für immer hält er an dem Bund fest, den er mit euren Vorfahren geschlossen hat.

—5. Mose 4,31

Gesundung

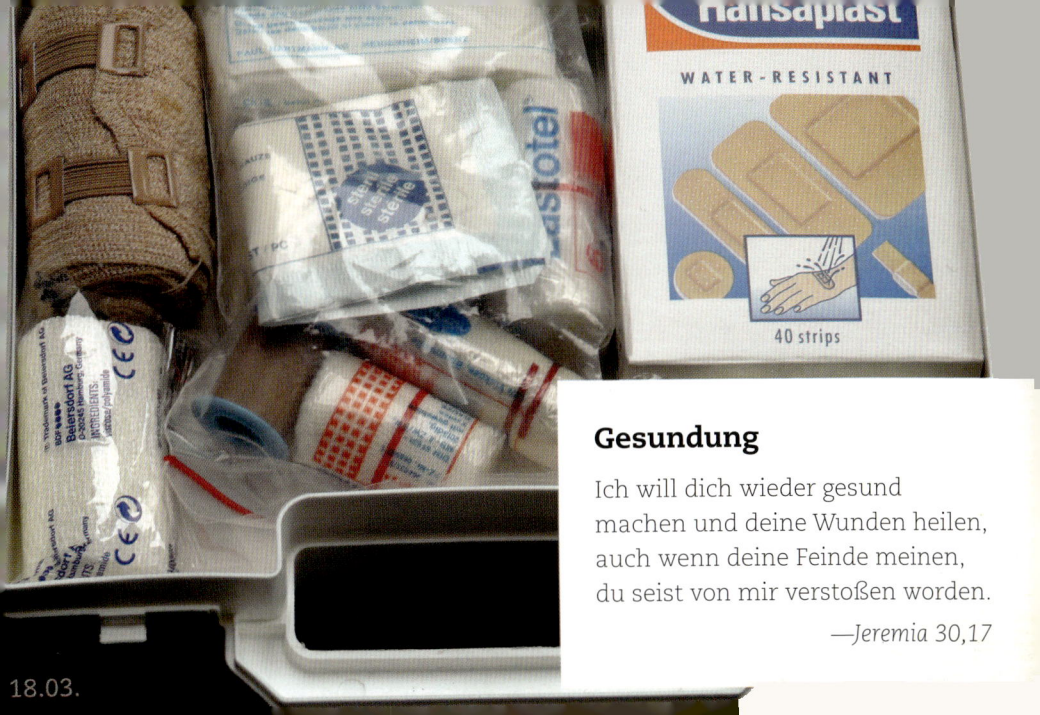

Ich will dich wieder gesund machen und deine Wunden heilen, auch wenn deine Feinde meinen, du seist von mir verstoßen worden.

—Jeremia 30,17

Behütung überall

Ich stehe dir bei; ich behüte dich,
wo du auch hingehst.

—1. Mose 28,15

15.10.

Versorgung

Aus seinem Reichtum wird euch Gott durch Jesus Christus alles geben, was ihr zum Leben braucht.

—*Philipper 4,19*

19.03.

Heimat

So seid ihr nicht länger Fremde und Heimatlose; ihr gehört jetzt als Bürger zum Volk Gottes, ja sogar zu seiner Familie.

—*Epheser 2,19*

Ansehen

Der Herr beschützt euch wie ein Schild, und im Kampf ist er euer Schwert. Er bringt euch zu hohem Ansehen.

—5. Mose 33,29

Einsatz für Frieden

Setzt euch unermüdlich und mit ganzer Kraft für den Frieden ein! Denn Gott sieht mit Freude auf solche Menschen und wird ihre Gebete erhören.

—Psalm 34,15–16

Wohlstand

Glücklich ist, wer dem Herrn in Ehrfurcht begegnet und sich über seine Gebote freut! Bei einem solchen Menschen sind Reichtum und Wohlstand zu Hause.

—Psalm 112,1+3

Vorräte

Der Herr, euer Gott, wird euch mit reichen Vorräten beschenken und alles gelingen lassen, was ihr euch vornehmt.

—5. Mose 28,8

Akzeptanz

Alle Menschen, die mir der Vater gibt, werden zu mir kommen, und keinen von ihnen werde ich zurückstoßen.

—*Johannes 6,37*

22.03.

Wachstumsspritze

Alle Reben am Weinstock, die keine Trauben tragen, schneidet er ab. Aber die Frucht tragenden Reben beschneidet er sorgfältig, damit sie noch mehr Frucht bringen.

—*Johannes 15,2*

23.03.

Garantierte Zugehörigkeit

Der Herr wird sein Volk nicht verstoßen; er wird niemanden verlassen, der zu ihm gehört.

—*Psalm 94,14*

Begleitung

Seid mutig und stark! Habt keine Angst, und lasst euch nicht einschüchtern! Der Herr, euer Gott, geht mit euch. Er hält immer zu euch und lässt euch nicht im Stich!

—*5. Mose 31,6*

10.10.

Recht

Der Herr hält Wort!
Den Unterdrückten verhilft er
zu ihrem Recht, so wie er es
versprochen hat.

—Psalm 103,6

24.03.

Hilfe für Hilfsbedürftige

Der Herr hilft denen, die wissen, dass sie ihn brauchen.

—*Sprüche 3,34*

09.10.

Gluckenschutz

Er wird dich behüten wie eine Henne, die ihre Küken unter die Flügel nimmt. Seine Treue schützt dich wie ein starker Schild.

—Psalm 91,4

Unerschöpfliche Kraft

Alle, die ihre Hoffnung auf den Herrn setzen, bekommen neue Kraft. Sie gehen und werden nicht müde, sie laufen und sind nicht erschöpft.

—Jesaja 40,31

Ernte

Wer die Saat mit Tränen aussät, wird voller Freude die Ernte einbringen.

—*Psalm 126,5*

26.03.

Erfüllung von Zusagen

Wenn wir aber unsere Sünden bekennen, dann erfüllt Gott seine Zusage treu und gerecht: Er wird unsere Sünden vergeben und uns von allem Bösen reinigen.

—1. Johannes 1,9

Himmlische Hilfe

Vom Himmel her wird er mir seine Hilfe schicken und mich retten vor denen, die mir nachstellen und mich gehässig verleumden. Ja, Gott wird zu mir halten, er ist treu.

—Psalm 57,4

27.03.

Beim Namen gerufen

Hab keine Angst, denn ich habe dich erlöst! Ich habe dich bei deinem Namen gerufen, du gehörst zu mir.

—Jesaja 43,1

06.10.

Durchbruch

Nehmt euch der Hungernden an, und gebt ihnen zu essen, versorgt die Notleidenden mit allem Nötigen! Dann wird mein Licht eure Finsternis durchbrechen. Die Nacht um euch her wird zum hellen Tag.

—*Jesaja 58,10*

Offene Tür

Bittet Gott, und er wird euch geben! Sucht, und ihr werdet finden! Klopft an, und euch wird die Tür geöffnet!

—Lukas 11,9

Volle Versorgung

Seht euch die Raben an! Sie säen nichts und ernten nichts, sie haben keine Vorratskammern und keine Scheunen; aber Gott versorgt sie doch. Meint ihr nicht, dass ihr ihm viel wichtiger seid?

—Lukas 12,24

29.03.

Fürsorger

Ladet alle eure Sorgen bei Gott ab, denn er sorgt für euch.

—1. Petrus 5,7

Stehen ohne Scham

Hab keine Angst, du wirst nicht mehr erniedrigt werden! Niemand darf dich je wieder beschämen.

—*Jesaja 54,4*

Friedensstifter

Glücklich sind, die Frieden stiften, denn Gott wird sie seine Kinder nennen.

—Matthäus 5,9

03.10.

Ehrung

Wer sich selbst ehrt, wird gedemütigt werden; aber wer sich selbst erniedrigt, wird geehrt werden.

—Lukas 18,14

Geborgenheit

Wer Gott ehrt, lebt sicher und geborgen; sogar seine Kinder leben noch in dieser Geborgenheit.

—Sprüche 14,26

Leben ohne Mangel

Begegnet dem Herrn mit Ehrfurcht, alle, die ihr zu ihm gehört! Denn wer ihn ernst nimmt, der muss keinen Mangel leiden.

—*Psalm 34,10*

Anführer

Der Herr selbst geht vor dir her. Er steht dir zur Seite und verlässt dich nicht. Immer hält er zu dir. Hab keine Angst, und lass dich von niemandem einschüchtern!

—5. Mose 31,8

Beständigkeit

Das Gras verdorrt, die Blumen verwelken, aber das Wort unseres Gottes bleibt gültig für immer und ewig.

—Jesaja 40,8

30.09.

Unbegreiflicher Friede

Gottes Friede, der all unser Verstehen übersteigt, wird eure Herzen und Gedanken im Glauben an Jesus Christus bewahren.

—Philipper 4,7

Mut

Gott aber ist treu. Er wird euch Mut und Kraft geben und euch vor allem Bösen bewahren.

—*2. Thessalonicher 3,3*

Eingreifen

Sagt denen, die sich fürchten: »Fasst neuen Mut! Habt keine Angst mehr, denn euer Gott ist bei euch! Gott selbst kommt, um euch zu helfen und euch zu befreien.«

—*Jesaja 35,4*

29.09.

Vom Geist geleitet sein

Wer sich nur auf sich selbst verlässt, den erwartet der ewige Tod. Wer sich aber durch den Geist Gottes führen lässt, dem wird Gott das ewige Leben schenken.

—*Galater 6,8*

Aufrichtung

Wenn du zu Gott, dem Allmächtigen, umkehrst, wird er dich aufrichten.

—*Hiob 22,23*

Belohnung für Hinhören

Wer guten Rat in den Wind schlägt, muss die Folgen tragen; wer sich etwas sagen lässt, wird belohnt.

—Sprüche 13,13

05.04.

Siegeskranz

Glücklich ist, wer die Bewährungsproben besteht und im Glauben festbleibt. Gott wird ihn mit dem Siegeskranz, dem ewigen Leben, krönen. Das hat er allen versprochen, die ihn lieben.

—*Jakobus 1,12*

Vorausblick

Euer Vater weiß genau, was ihr braucht, noch ehe ihr ihn um etwas bittet.

—*Matthäus 6,8*

Lebensspende

Wer mir vertraut, wird erfahren, was die Heilige Schrift sagt: Von ihm wird Leben spendendes Wasser ausgehen wie ein starker Strom.

—*Johannes 7,38*

Ehre vom Vater

Wer mir dienen will, der soll mir folgen. Denn wo ich bin, soll er auch sein. Und wer mir dient, den wird mein Vater ehren.

—*Johannes 12,26*

Erinnerung an Gutes

Gott ist nicht ungerecht. Er vergisst nicht, was ihr getan habt und wie ihr aus Liebe zu ihm anderen Christen geholfen habt und immer noch helft.

—Hebräer 6,10

Gottes neue Welt

Glücklich sind, die verfolgt werden, weil sie nach Gottes Willen leben. Denn ihnen gehört Gottes neue Welt.

—Matthäus 5,10

08.04.

Berufung

Ich, der Herr, habe dich berufen, meine gerechten Pläne auszuführen. Ich fasse dich an der Hand und helfe dir, ich beschütze dich.

—*Jesaja 42,6*

24.09.

Hilfe im rechten Moment

Ich bin da, ich will euch retten, und zwar jetzt! Meine Hilfe lässt nicht länger auf sich warten.

—Jesaja 46,13

Reichliche Versorgung

Dient mir, dem Herrn, eurem Gott! Dann werde ich euch reichlich Essen und Trinken geben und alle Krankheiten von euch fern halten.

—2. Mose 23,25

23.09.

Immergrün

Wer Gott liebt, gleicht einer immergrünen Palme, er wird mächtig wie eine Zeder auf dem Libanongebirge.

—*Psalm 92,13*

Erneuerung

Wie viel mehr wird das Blut Jesu Christi uns innerlich erneuern und von unseren Sünden reinwaschen! Jetzt sind wir frei, dem lebendigen Gott zu dienen.

—Hebräer 9,14

Urteilskraft

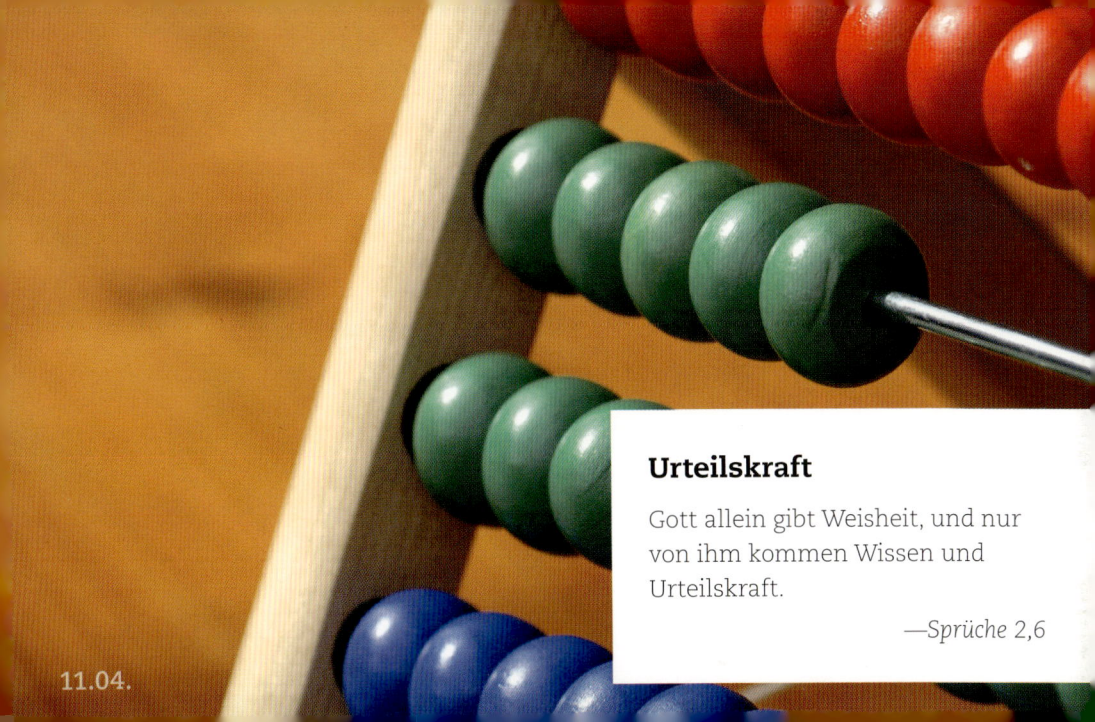

Gott allein gibt Weisheit, und nur von ihm kommen Wissen und Urteilskraft.

—Sprüche 2,6

11.04.

Lebensunterhalt

Macht euch keine Sorgen um euren Lebensunterhalt, um Essen, Trinken und Kleidung. Euer Vater im Himmel weiß doch genau, dass ihr dies alles braucht.

—*Matthäus 6,25+32*

Licht und Leben

Denn Gott, der Herr, ist die Sonne, die uns Licht und Leben gibt, schützend steht er vor uns. Niemand ist so gut zu uns wie er.

—Psalm 84,12

Engelschutz

Der Engel des Herrn stellt sich schützend vor alle, die Gott ernst nehmen, und bringt sie in Sicherheit.

—Psalm 34,8

20.09.

Rettung

Jeder, der den Namen des Herrn anruft, der wird von ihm gerettet.

—Römer 10,13

Ewige Begleitung

Ich bin immer bei euch, bis das Ende dieser Welt gekommen ist!

—*Matthäus 28,20*

Tägliches Erbarmen

Die Güte des Herrn hat kein Ende, sein Erbarmen hört niemals auf, es ist jeden Morgen neu! Groß ist deine Treue, o Herr!

—*Klagelieder 3,22–23*

Beistand

Ich bin bei dir, und niemand soll es wagen, dir etwas anzutun. Denn viele Menschen in dieser Stadt werden an mich glauben.

—Apostelgeschichte 18,10

18.09.

Eigentum Gottes

Ihr aber seid ein von Gott auserwähltes Volk, seine königlichen Priester, ihr gehört ganz zu ihm und seid sein Eigentum. Deshalb sollt ihr die großen Taten Gottes verkünden, der euch aus der Finsternis befreit und in sein wunderbares Licht geführt hat.

—1. Petrus 2,9

Treue

Gott ist treu, und was er verspricht, das hält er auch.

—*1. Thessalonicher 5,24*

17.09.

Offenbarungen

Rufe zu mir, dann will ich dir antworten und dir große und geheimnisvolle Dinge zeigen, von denen du nichts weißt!

—*Jeremia 33,3*

Geist der Besonnenheit

Denn Gott hat uns keinen Geist der Furcht gegeben, sondern sein Geist erfüllt uns mit Kraft, Liebe und Besonnenheit.

—2. Timotheus 1,7

16.09.

Bei ihm sein

Genau das hat uns Gott zugesagt: ewiges Leben bei ihm.

—1. Johannes 2,25

17.04.

Antwort in Liebe

Ihr werdet nicht mehr weinen! Der Herr wird euer Rufen erhören und euch in Liebe antworten.

—*Jesaja 30,19*

15.09.

Durchgetragen werden

Ich bleibe derselbe; ich werde euch tragen bis ins hohe Alter, bis ihr grau werdet. Ich, der Herr, habe es bisher getan, und ich werde euch auch in Zukunft tragen und retten.

—Jesaja 46,4

Vergessene Schuld

Ich vergebe ihnen ihre Schuld und denke nicht mehr an ihre Sünden.

—*Hebräer 10,17*

Wunscherfüllung

Wer von Gott nichts wissen will, dem stößt das zu, was er am meisten fürchtet; wer jedoch zu Gott gehört, bekommt, was er sich wünscht.

—Sprüche 10,24

19.04.

Obdach

Deine Güte und Liebe werden
mich begleiten mein Leben lang;
in deinem Haus darf ich für immer
bleiben.

—Psalm 23,6

13.09.

Mehr als genug

Wer Gott gehorcht, hat immer mehr als genug zum Leben.

—*Sprüche 15,6*

Giftresistenz

Ich habe euch die Macht gegeben, auf Schlangen und Skorpione zu treten und die Gewalt des Feindes zu brechen. Nichts wird euch schaden.

—Lukas 10,19

12.09.

Unerschütterlicher Bund

Berge mögen einstürzen und Hügel wanken, aber meine Liebe zu dir wird nie erschüttert, und mein Friedensbund mit dir wird niemals wanken. Das verspreche ich, der Herr, der dich liebt!

—Jesaja 54,10

Getröstet werden

Ich bin es, der euch tröstet, ich allein.

—*Jesaja 51,12*

11.09.

Schutz an allen Orten

Denn Gott hat seine Engel ausgesandt, damit sie dich schützen, wohin du auch gehst.

—*Psalm 91,11*

Vorbereitete Werke

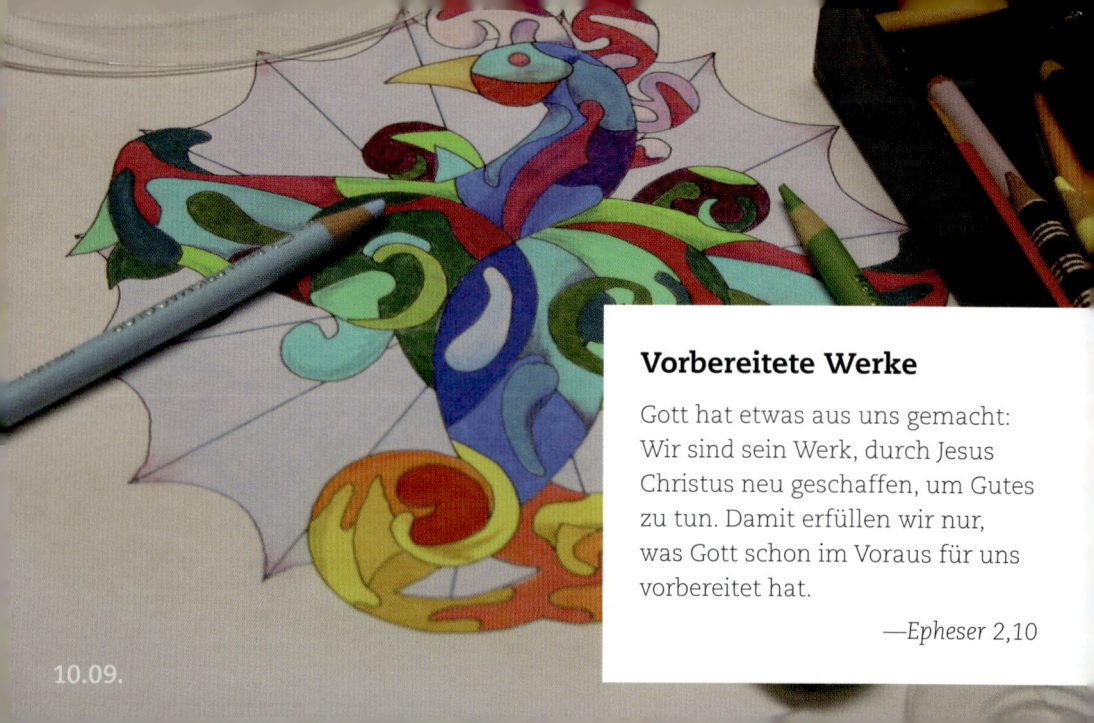

Gott hat etwas aus uns gemacht: Wir sind sein Werk, durch Jesus Christus neu geschaffen, um Gutes zu tun. Damit erfüllen wir nur, was Gott schon im Voraus für uns vorbereitet hat.

—*Epheser 2,10*

Überfluss

Ich aber bringe Leben – und dies im Überfluss.

—*Johannes 10,10*

23.04.

Ruhe

Ich selbst werde ihr Hirte sein, damit sie in Ruhe und Sicherheit leben können. Das verspreche ich, der Herr.

—Hesekiel 34,15

Hausgemeinschaft

Glaube an den Herrn Jesus, dann werden du und alle, die in deinem Haus leben, gerettet.

—Apostelgeschichte 16,31

Erbarmen

Der Herr wird wieder Erbarmen mit uns haben und unsere Schuld auslöschen. Er wirft unsere Sünden ins tiefste Meer.

—*Micha 7,19*

Aufstehhilfe

Wenn ein Mensch seinen Weg zielstrebig gehen kann, verdankt er das dem Herrn, der ihn liebt. Und wenn er einmal fällt, bleibt er nicht am Boden liegen, denn der Herr hilft ihm wieder auf.

—Psalm 37,23–24

Kraftwirkungen

Ich sage euch die Wahrheit: Wer an mich glaubt, wird die gleichen Taten vollbringen wie ich – ja, sogar noch größere; denn ich gehe zum Vater.

—Johannes 14,12

Arzt

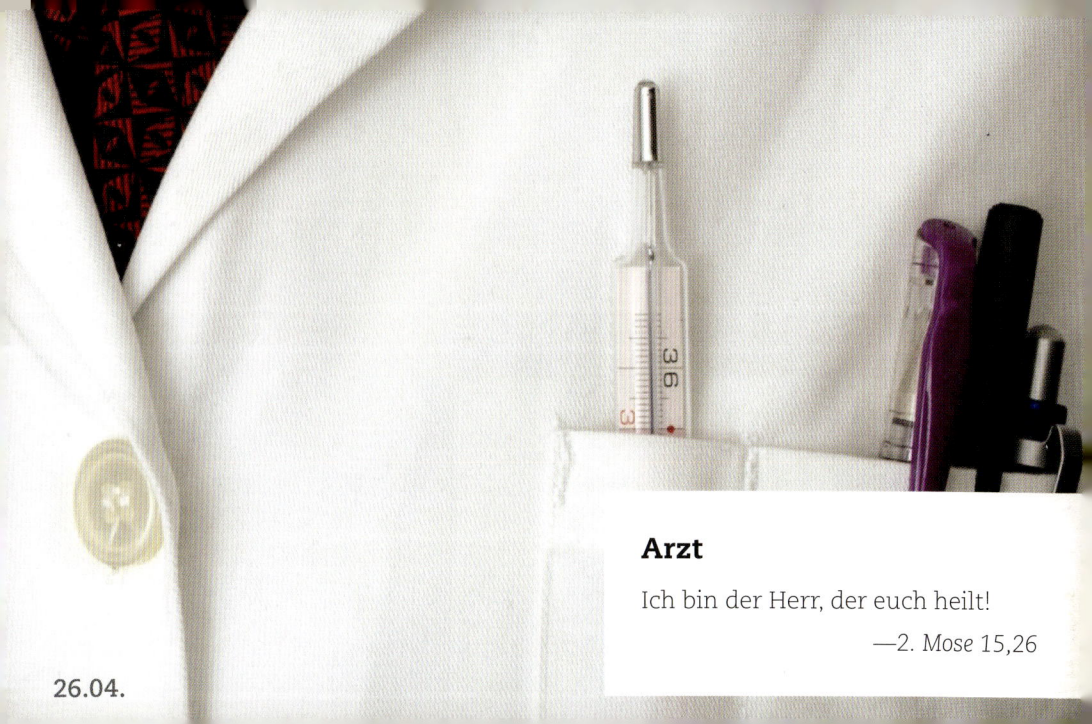

Ich bin der Herr, der euch heilt!

—2. Mose 15,26

26.04.

Hilfsdienst

Hab keine Angst! Ich helfe dir.

—*Jesaja 41,13*

06.09.

Überfließender Segen

Ich gieße meinen Geist über euren Nachkommen aus, mit meinem Segen überschütte ich eure Kinder.

—Jesaja 44,3

05.09.

Handeln aus Liebe

Auf das Wort des Herrn kann man sich verlassen, und was er tut, das tut er aus Liebe.

—Psalm 145,13

Auffindbarkeit

Wenn ihr mich sucht, werdet ihr mich finden. Ja, wenn ihr mich von ganzem Herzen sucht, will ich mich von euch finden lassen. Das verspreche ich euch.

—Jeremia 29,13–14

Zwei plus einer

Wenn zwei von euch hier auf der Erde meinen Vater im Himmel um etwas bitten wollen und darin übereinstimmen, dann wird er es ihnen geben.

—*Matthäus 18,19*

Gute Zukunft

Ereifere dich nicht über Menschen, die Schuld auf sich laden; sondern eifere danach, Gott zu gefallen! Dann hast du eine gute Zukunft, und deine Hoffnung wird nicht enttäuscht.

—*Sprüche 23,17–18*

Wegbeleuchtung

Ich bin das Licht für die Welt. Wer mir nachfolgt, irrt nicht mehr in der Dunkelheit umher, sondern folgt dem Licht, das ihn zum Leben führt.

—Johannes 8,12

Nähe

Aber weil Jesus Christus am Kreuz sein Blut vergossen hat, gehört ihr jetzt zu ihm. Ihr seid ihm jetzt nahe, obwohl ihr vorher so weit von ihm entfernt lebtet.

—*Epheser 2,13*

Versorgt werden

Der Herr versorgt.

—1. Mose 22,14

Ertrag

Werdet nicht müde, Gutes zu tun.
Es wird eine Zeit kommen, in der
ihr eine reiche Ernte einbringt.
Gebt nur nicht vorher auf!

—*Galater 6,9*

01.05.

Schlüsselworte

Geh jetzt! Ich bin bei dir und sage dir, was du reden sollst.

—2. Mose 4,12

Bewahrung

Gott bewahrt alle, die ihn lieben.

—*Psalm 145,20*

Platz auf dem Thron

Wer durchhält und den Sieg erringt, wird mit mir auf meinem Thron sitzen, so wie auch ich mich als Sieger auf den Thron meines Vaters gesetzt habe.

—Offenbarung 3,21

Vergebung

Mein Volk werde ich von aller Schuld befreien. Sie haben mir die Treue gebrochen und gegen mich gesündigt, doch ich will ihnen vergeben!

—Jeremia 33,8

Belohnung

Ihr aber sollt stark sein und euch nicht entmutigen lassen! Was ihr tut, wird der Herr belohnen!

—*2. Chronik 15,7*

30.08.

Beistand

Das weiß ich: du, Gott, bist auf meiner Seite!

—Psalm 56,10

04.05.

Schutz vor Stolpern

Achte darauf, dass du die Weisheit und Besonnenheit nie aus den Augen verlierst! Dann kannst du sicher deinen Weg gehen, nichts bringt dich zu Fall.

—*Sprüche 3,21+23*

29.08.

Zuhören

Er geht auf die Wünsche derer ein, die voll Ehrfurcht zu ihm kommen. Er hört ihren Hilfeschrei und rettet sie.

—*Psalm 145,19*

05.05.

Losgekauft sein

Christus hat euch losgekauft, aber nicht mit vergänglichem Silber oder Gold, sondern mit seinem eigenen kostbaren Blut, das er wie ein unschuldiges, fehlerloses Lamm für uns geopfert hat.

—1. Petrus 1,18–19

Schatzkammer

Der Herr wird euch seine Schatzkammer, den Himmel, aufschließen und eurem Land zur richtigen Zeit Regen schicken. Alle eure Arbeit lässt er gelingen, so dass ihr Menschen aus vielen Völkern etwas leihen könnt und selbst nie etwas borgen müsst.

—5. Mose 28,12

Licht

Wer Gott gehorcht, der lebt im Licht, und Freude erfüllt jeden, der aufrichtig ist.

—*Psalm 97,11*

27.08.

Beständiger Begleiter

Hab keine Angst, und lass dich durch nichts entmutigen! Denn der Herr, mein Gott, wird dir dabei helfen. Er steht zu dir und verlässt dich nicht.

—1. Chronik 28,20

07.05.

Worthalter

Haltet an dieser Hoffnung fest, zu der wir uns bekennen, und lasst euch durch nichts davon abbringen. Ihr könnt euch felsenfest auf sie verlassen, weil Gott sein Wort hält.

—Hebräer 10,23

Segen

Wenn ihr Gott gehorcht, werdet ihr seinen ganzen Segen erfahren.

—*5. Mose 28,2*

08.05.

Befreiung

Den Unterdrückten verschafft er Recht, den Hungernden gibt er zu essen, und die Gefangenen befreit er.

—*Psalm 146,7*

25.03.

Bekenntnis

Wer sich vor den Menschen zu mir bekennt, zu dem werde ich mich auch vor meinem Vater im Himmel bekennen.

—Matthäus 10,32

Beratung

Ich will dich lehren und dir sagen, wie du leben sollst; ich berate dich, nie verliere ich dich aus den Augen.

—Psalm 32,8

Neue Welt

Glücklich sind, die erkennen, wie arm sie vor Gott sind, denn ihnen gehört die neue Welt Gottes.

—*Matthäus 5,3*

Offene Tür

Ich weiß, was du getan und geleistet hast. Sieh, ich habe dir eine Tür geöffnet, die niemand verschließen kann.

—*Offenbarung 3,8*

Einsicht

Der Herr wird dir in allen Dingen die richtige Einsicht geben.

—*2. Timotheus 2,7*

11.05.

Jubel

Glücklich könnt ihr sein, wenn ihr verachtet, verfolgt und verleumdet werdet, weil ihr mir nachfolgt. Ja, freut euch und jubelt, denn im Himmel werdet ihr dafür reich belohnt werden!

—*Matthäus 5,11–12*

Erfüllung

Er liebt mich von ganzem Herzen, darum will ich ihn retten. Bei mir findet er die Hilfe, die er braucht; ich gebe ihm ein erfülltes und langes Leben!

—Psalm 91,14+16

Geisterfüllung

In späterer Zeit will ich, der Herr, alle Menschen mit meinem Geist erfüllen.

—Joel 3,1

Auferweckung

Ist der Geist Gottes in euch, so wird Gott, der Jesus von den Toten auferweckt hat, auch euren sterblichen Leib wieder lebendig machen; sein Geist wohnt ja in euch.

—Römer 8,11

Unvergleichliches

Meinen Frieden gebe ich euch;
einen Frieden, den euch niemand
auf der Welt geben kann.

—*Johannes 14,27*

20.08.

Sorge tragen

So spricht Gott, der Herr:
»Von nun an will ich mich selbst um meine Schafe kümmern und für sie sorgen.«

—*Hesekiel 34,11*

14.05.

Erfolg

Vertraue voll und ganz dem Herrn!
Denke bei jedem Schritt an ihn;
er zeigt dir den richtigen Weg und
krönt dein Handeln mit Erfolg.

—*Sprüche 3,5–6*

Zukunft

Ich, der Herr, werde euch Frieden schenken und euch aus dem Leid befreien. Ich gebe euch wieder Zukunft und Hoffnung.

—*Jeremia 29,11*

15.05.

Glaubenslohn

Um was ihr auch bittet – glaubt fest, dass ihr es schon bekommen habt, und Gott wird es euch geben!

—Markus 11,24

Läuterung

Ich werde die Menschen läutern wie Silber im Ofen, wie Gold im Feuer. Sie werden zu mir um Hilfe rufen, und ich werde sie erhören!

—Sacharja 13,9

16.05.

17.08.

Versöhnung mit Feinden

Wenn dein Handeln Gott gefällt, bewegt er sogar deine Feinde dazu, sich mit dir zu versöhnen.

—*Sprüche 16,7*

Führung

Allen, die ihre Schuld eingestehen, zeigt er, wie sie leben sollen und was er von ihnen erwartet.

—Psalm 25,9

17.05.

Errettung vom Zorn

Wenn wir jetzt von Gott angenommen sind, weil Jesus sein Blut für uns vergossen hat, dann werden wir erst recht am kommenden Gerichtstag vor Gottes Zorn gerettet.

—Römer 5,9

Erneuerung

Der auf dem Thron saß, sagte: »Sieh, ich schaffe alles neu!«

—*Offenbarung 21,5*

18.05.

Schutz der Familie

Er gewährt dir Schutz in deinen Mauern und segnet deine Kinder.

—Psalm 147,13

15.08.

Erwählung

Ich habe dich schon gekannt, ehe ich dich im Mutterleib bildete, und ehe du geboren wurdest, habe ich dich erwählt.

—Jeremia 1,5

19.05.

Lösegeldzahlung

Ich bin dein Retter. Ich bezahle ein hohes Lösegeld für deine Befreiung.

—Jesaja 43,3

14.08.

Wachdienst

An jenem Tag wird der Herr sagen: »Einen prächtigen Weinberg habe ich. Ich selbst, der Herr, bin sein Wächter. Ich bewässere ihn immer wieder. Tag und Nacht behüte ich ihn, damit nichts und niemand ihm schaden kann.«

—*Jesaja 27,2–3*

Gleichberechtigung

Sein Segen gilt allen, die ihn achten, ganz gleich, ob unbedeutend oder einflussreich!

—*Psalm 115,13*

13.08.

Erfüllte Herzenswünsche

Freue dich über den Herrn; er wird dir alles geben, was du dir von Herzen wünschst.

—Psalm 37,4

21.05.

Verteidigung

Ich werde mich ihnen nicht beugen, denn Gott, der Herr, verteidigt mich. Darum habe ich auch die Kraft, ihnen die Stirn zu bieten. Ich weiß, ich werde nicht in Schimpf und Schande dastehen.

—*Jesaja 50,7*

12.08.

Treue

Sind wir untreu, bleibt er treu, denn er kann sich selbst nicht untreu werden.

—*2. Timotheus 2,13*

22.05.

Vaterschaft

Ich werde euer Vater sein, und ihr werdet meine Söhne und Töchter sein.

—2. Korinther 6,18

11.08.

Rettung

Der Herr ist denen nahe, die verzweifelt sind, und rettet jeden, der alle Hoffnung verloren hat.

—*Psalm 34,19*

Sorglosigkeit

Sorgt euch nicht um morgen – der nächste Tag wird für sich selber sorgen!

—Matthäus 6,34

Ausstrahlung

Die Weisen und Verständigen werden leuchten wie die Sonne am Himmel. Und diejenigen, die vielen Menschen den richtigen Weg gezeigt haben, leuchten für immer und ewig wie die Sterne.

—Daniel 12,3

Entlastung

Christus hat unsere Sünden auf sich genommen und sie selbst zum Kreuz hinaufgetragen. Das bedeutet, dass wir für die Sünde tot sind und jetzt leben können, wie es Gott gefällt.

—1. Petrus 2,24

Gelingen

Glücklich ist, wer Freude hat am Gesetz des Herrn und darüber nachdenkt – Tag und Nacht. Er ist wie ein Baum, der nah am Wasser steht. Was er sich vornimmt, das gelingt.

—Psalm 1,2–3

Verlässlichkeit

Er gibt auf dich Acht, wenn du aus dem Hause gehst und wenn du wieder heimkehrst. Jetzt und für immer steht er dir bei!

—*Psalm 121,8*

08.08.

Vollendung

Ich bin ganz sicher, dass Gott sein Werk, das er bei euch begonnen hat, zu Ende führen wird, bis zu dem Tag, an dem Jesus Christus kommt.

—Philipper 1,6

26.05.

Weichherzigkeit

Wenn schon ihr hartherzigen Menschen euren Kindern Gutes gebt, wie viel mehr wird euer Vater im Himmel denen Gutes schenken, die ihn darum bitten!

—Matthäus 7,11

Zuflucht

Die Unterdrückten finden bei Gott Zuflucht. In schwerer Zeit beschützt er sie.

—Psalm 9,10

27.05.

Rundumsegen

Ich will den Herrn loben und nie vergessen, wie viel Gutes er mir getan hat. Ja, er vergibt mir meine ganze Schuld und heilt mich von allen Krankheiten!

—Psalm 103,2–3

Ewiges Leben

Denn Gott hat die Menschen so sehr geliebt, dass er seinen einzigen Sohn für sie hergab. Jeder, der an ihn glaubt, wird nicht zugrunde gehen, sondern das ewige Leben haben.

—*Johannes 3,16*

28.05.

Gehört werden

Ihr, die ihr Gott vertraut, fasst neuen Mut! Denn der Herr hört das Rufen der Armen und Hilflosen.

—Psalm 69,33–34

05.08.

Segen für Vertrauende

Ich segne jeden, der mir ganz und gar vertraut.

—*Jeremia 17,7*

Wegweiser

Ich bin der Herr, euer Gott. Ich lehre euch, was gut für euch ist, und zeige euch den Weg, den ihr gehen sollt.

—*Jesaja 48,17*

30.05.

Reines Herz

Glücklich sind, die ein reines Herz haben, denn sie werden Gott sehen.

—*Matthäus 5,8*

Erfahrene Hilfe

Wer anderen Gutes tut, dem geht es selber gut; wer anderen hilft, dem wird geholfen.

—Sprüche 11,25

Fruchtbarkeit

Wenn dieses Volk, das meinen Namen trägt, seine Sünde bereut, von seinen falschen Wegen umkehrt und nach mir fragt, dann will ich ihnen vergeben und ihr Land wieder fruchtbar machen.

—*2. Chronik 7,14*

Zugewandt sein

Ich lasse dich nicht im Stich, nie wende ich mich von dir ab.

—*Hebräer 13,5*

02.08.

Erinnerung

Der Herr denkt an uns und wird uns segnen.

—*Psalm 115,12*

01.06.

Erkennbarkeit

Wer mich liebt, den wird mein Vater lieben. Auch ich werde ihn lieben und mich ihm zu erkennen geben.

—Johannes 14,21

Lebenslange Güte

Nur einen Augenblick streift uns sein Zorn, aber ein Leben lang währt seine Güte.

—*Psalm 30,6*

Regen

Wenn ihr nach meinen Weisungen lebt, werde ich es zur rechten Zeit regnen lassen, damit das Land reichen Ertrag bringt und die Bäume viele Früchte tragen. Ihr habt reichlich zu essen und wohnt sicher in eurem Land.

—3. Mose 26,3–5

31.07.

Tiefe Freude

Der Herr, euer Gott, ist in eurer Mitte; er ist stark und hilft euch! Von ganzem Herzen freut er sich über euch. Weil er euch liebt, redet er nicht länger über eure Schuld. Ja, er jubelt, wenn er an euch denkt!

—*Zefanja 3,17*

Verschwundene Sünden

Eure Schuld und alle eure Sünden habe ich euch vergeben. Sie sind verschwunden wie Wolken, wie Nebelschwaden in der Sonne.

—Jesaja 44,22

30.07.

04.06.

Gehaltene Versprechen

Gott wird euch alles geben, was er zugesagt hat.

—*Hebräer 10,36*

Durchhaltevermögen

Gott steht zu euch. Er lässt nicht zu, dass die Versuchung größer ist, als ihr es ertragen könnt. Wenn euer Glaube auf die Probe gestellt wird, schafft Gott auch die Möglichkeit, sie zu bestehen.

—*1. Korinther 10,13*

Belohnung

Wer den Armen etwas gibt, gibt es Gott, und Gott wird es reich belohnen.

—Sprüche 19,17

Trost

Gott, unser Vater, hat uns seine Liebe erwiesen und uns in seiner Gnade einen ewig gültigen Trost und eine sichere Hoffnung geschenkt.

—*2. Thessalonicher 2,16*

Umschlossen sein

Wenn ihr nach meinen Geboten lebt, wird meine Liebe euch umschließen.

—*Johannes 15,10*

Gehaltene Versprechen

Niemals lasse ich dich im Stich; ich stehe zu meinem Versprechen, das ich dir gegeben habe.

—1. Mose 28,15

27.07.

Gesättigt sein

»Ich bin das Brot des Lebens«, sagte Jesus zu ihnen. »Wer zu mir kommt, wird niemals wieder Hunger leiden.«

—Johannes 6,35

Rundumschutz

Wer dem Herrn vertraut, den wird Gottes Güte umgeben.

—*Psalm 32,10*

Mitstreiter

Du brauchst keine Angst zu haben! Denn auf unserer Seite steht ein noch größeres Heer.

—2. Könige 6,16

08.06.

Kommunikation

Helft, wo ihr könnt, und verschließt eure Augen nicht vor den Nöten eurer Mitmenschen! Wenn ihr dann zu mir ruft, werde ich euch antworten. Wenn ihr um Hilfe schreit, werde ich sagen: »Ja, hier bin ich.«

—*Jesaja 58,7–9*

Bewährter Nothelfer

Gott ist unsere Zuflucht und Stärke, ein bewährter Helfer in Zeiten der Not.

—Psalm 46,2

Freiwillige Vergebung

Ich werde euch alles vergeben – aus freien Stücken. Ich werde alles Böse für immer vergessen.

—Jesaja 43,25

Synergie zum Guten

Das eine aber wissen wir:
Wer Gott liebt, dem dient alles,
was geschieht, zum Guten.

—Römer 8,28

10.06.

Nachtruhe

Gott gibt denen, die ihn lieben,
alles Nötige im Schlaf!

—Psalm 127,2

23.07.

Bund

Denen, die ihn ehrten und achteten, gab er immer genug zu essen. Niemals vergisst er den Bund, den er mit Israel geschlossen hat.

—*Psalm 111,5*

Weisheit

Wenn es jemandem von euch an Weisheit fehlt, soll er Gott darum bitten, und Gott wird sie ihm geben.

—Jakobus 1,5

22.07.

Schutz vor Gefahr

Der Herr gibt auf dich Acht; er steht dir zur Seite und bietet dir Schutz vor drohenden Gefahren.

—Psalm 121,5

Festgehalten werden

Meine Schafe erkennen meine Stimme; ich kenne sie, und sie folgen meinem Ruf. Niemand kann sie aus meiner Hand reißen.

—*Johannes 10,27–28*

21.07.

Anwesenheit

Ich will mitten unter ihnen leben. Ich will ihr Gott sein, und sie sollen mein Volk sein!

—2. Korinther 6,16

Schutz vor anderen

Fürchte dich nicht vor ihnen,
ich bin bei dir und werde dich
beschützen. Darauf gebe ich, der
Herr, mein Wort.

—Jeremia 1,8

20.07.

Befreiender Geist

Der Geist des Herrn ruht auf mir, weil er mich berufen hat. Er hat mich gesandt, den Armen die frohe Botschaft zu bringen und die Verzweifelten zu trösten. Ich rufe Freiheit aus für die Gefangenen.

—*Jesaja 61,1*

Belohnung

Wenn du jemandem hilfst, dann soll deine linke Hand nicht wissen, was die rechte tut; niemand soll davon erfahren. Dein Vater, der auch das Verborgene sieht, wird dich dafür belohnen.

—Matthäus 6,3–4

19.07.

Ewiger Bund

Ich will einen Bund für alle Zeiten mit euch schließen. Was ich schon David versprochen habe, das werde ich erfüllen.

—*Jesaja 55,3*

15.06.

Heilung

Durch seine Wunden hat Christus uns geheilt.

—1. Petrus 2,24

18.07.

Glaube mit Resultaten

Ihr werdet alles bekommen, wenn ihr im festen Glauben darum bittet.

—*Matthäus 21,22*

16.06.

Massiver Schutz

Ich werde dich ihnen gegenüber stark machen wie eine Mauer aus Bronzeplatten. Sie werden dich bekämpfen – doch ohne Erfolg, denn ich bin bei dir und werde dich retten und bewahren.

—Jeremia 15,20

Lebensquelle

Allen Durstigen werde ich Wasser aus der Quelle des Lebens schenken.

—Offenbarung 21,6

Helfer

Dann werde ich den Vater bitten, dass er euch an meiner Stelle einen Helfer gibt, der für immer bei euch bleibt. Dies ist der Geist der Wahrheit.

—*Johannes 14,16–17*

16.07.

Gute Frucht

Der Geist Gottes bringt in unserem Leben nur Gutes hervor: Liebe und Freude, Frieden und Geduld, Freundlichkeit, Güte und Treue, Besonnenheit und Selbstbeherrschung.

—*Galater 5,22–23*

Schuldentilgung

Gott hat den Schuldschein, der uns mit seinen Forderungen so schwer belastete, eingelöst und auf ewig vernichtet, indem er ihn ans Kreuz nagelte.

—*Kolosser 2,14*

Gerechtigkeit

Glücklich sind, die nach Gerechtigkeit hungern und dürsten, denn sie sollen satt werden.

—*Matthäus 5,6*

19.06.

Wachdienst

Der Herr wird nicht zulassen,
dass du fällst; er, dein Beschützer,
schläft nicht.

—Psalm 121,3

Vollständige Vergebung

Alles, was du getan hast, werde ich dir vergeben.

—Hesekiel 16,63

20.06.

Neuanfang

Gehört jemand zu Christus, dann ist er ein neuer Mensch. Was vorher war, ist vergangen, etwas Neues hat begonnen.

—2. Korinther 5,17

13.07.

Wert

Welchen Wert hat schon ein Spatz auf dem Dach? Trotzdem fällt keiner tot zur Erde, wenn es euer Vater nicht will. Bei euch sind sogar die Haare auf dem Kopf alle gezählt. Darum habt keine Angst! Ihr seid Gott mehr wert als ein ganzer Spatzenschwarm.

—*Matthäus 10,29–31*

Befreiende Wahrheit

Ihr werdet die Wahrheit erkennen, und die Wahrheit wird euch befreien!

—*Johannes 8,32*

Herrschen mit Christus

Das steht unwiderruflich fest: Sind wir mit Christus gestorben, werden wir auch mit ihm leben. Leiden wir hier mit ihm, werden wir auch mit ihm herrschen.

—2. Timotheus 2,11–12

Stärke

Mein Volk mache ich stark. Sie gehören zu mir, darum werden sie leben! Darauf gebe ich, der Herr, mein Wort.

—Sacharja 10,12

Freisetzung

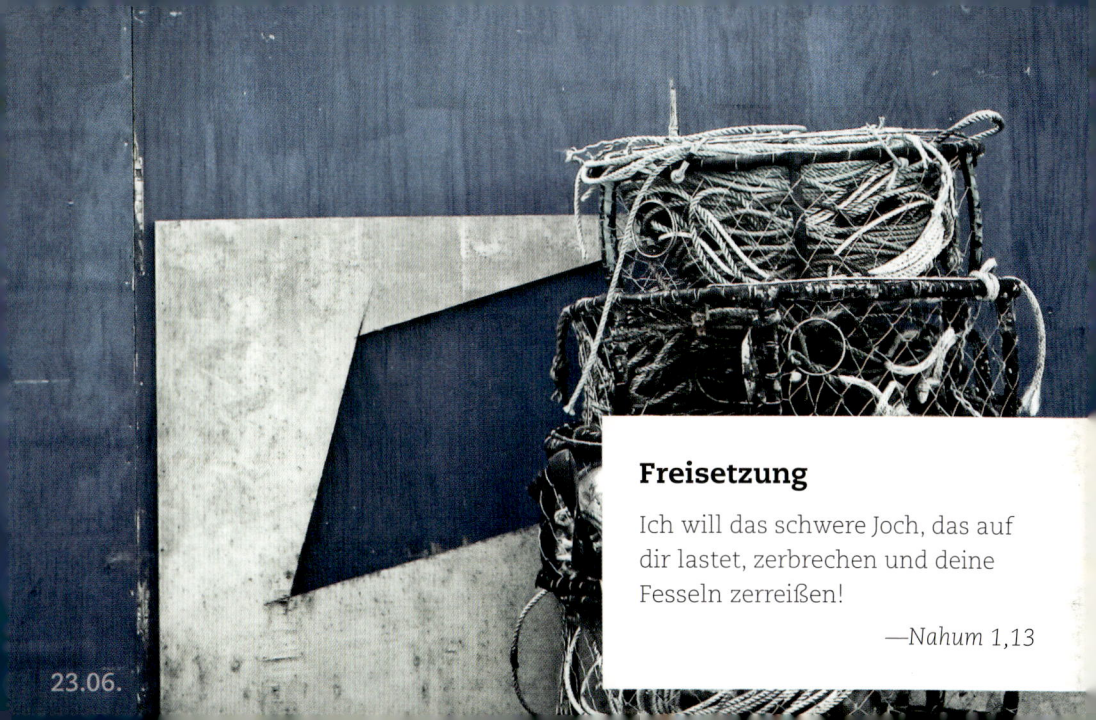

Ich will das schwere Joch, das auf dir lastet, zerbrechen und deine Fesseln zerreißen!

—*Nahum 1,13*

23.06.

Gekannt sein

Der Herr kennt alle Menschen durch und durch. Er weiß, wonach sie streben, und kennt ihre Gedanken. Wenn du ihn suchst, lässt er sich finden.

—*1. Chronik 28,9*

10.07.

Bewässerung

Auch in der Wüste werde ich euch versorgen, ich gebe euch Gesundheit und Kraft. Ihr gleicht einem gut bewässerten Garten und einer Quelle, die nie versiegt.

—*Jesaja 58,11*

Ausweg

Wenn er zu mir ruft, antworte ich ihm. Wenn er keinen Ausweg mehr weiß, bin ich bei ihm. Ich will ihn befreien und zu Ehren bringen.

—*Psalm 91,15*

Wiederherstellung

Wenn sie im festen Vertrauen beten, wird der Herr dem Kranken helfen. Er wird ihn aufrichten und ihm vergeben, wenn er Schuld auf sich geladen hat.

—Jakobus 5,15

Zuversicht

Der Herr rettet mich. Vor wem sollte ich mich noch fürchten? Selbst wenn eine ganze Armee gegen mich aufmarschiert, fürchte ich mich nicht.

—Psalm 27,1+3

Gnade

Ich will euch die Gnade erweisen, die ich David versprochen habe.

—Apostelgeschichte 13,34

26.06.

Leben

Gottes Geist schenkt Leben.

—2. Korinther 3,6

07.07.

Rettung vor Feinden

Dich aber werde ich retten, das verspreche ich dir. Du wirst nicht in die Hände deiner Feinde fallen, vor denen du dich so sehr fürchtest.

—Jeremia 39,17

27.06.

Burg

Der Herr rettet mich. Vor wem sollte ich mich noch fürchten? Bei ihm bin ich geborgen wie in einer Burg. Vor wem sollte ich noch zittern und zagen?

—Psalm 27,1

Frieden

Herr, du gibst Frieden dem, der sich fest an dich hält und dir allein vertraut!

—Jesaja 26,3

28.06.

Erhellt sein

Sein Licht hat unsere Herzen erhellt. Durch uns sollen nun alle Menschen Gottes Herrlichkeit erkennen, die in Jesus Christus aufstrahlt.

—*2. Korinther 4,6*

Ständige Führung

Wir haben einen mächtigen Gott! Er ist unser Herr für immer und ewig; allezeit wird er uns führen!

—*Psalm 48,15*

29.06.

Gottes Voraushandeln

Ehe sie zu mir um Hilfe rufen, stehe ich ihnen bei, noch während sie beten, habe ich sie schon erhört.

—*Jesaja 65,24*

Unter seinem Schutz sein

Liebt den Herrn, alle, die ihr ihm gerne dient! Wer treu zu ihm hält, steht unter seinem Schutz.

—*Psalm 31,24*

30.06.

Rückkehr zum Leben

Kehrt zum Herrn zurück, dann werdet ihr leben!

—*Amos 5,6*

03.07.

Ähnlichkeit

Der Herr verändert uns durch seinen Geist, damit wir ihm immer ähnlicher werden und immer mehr Anteil an seiner Herrlichkeit bekommen.

—2. Korinther 3,18

Triumph

Mitten im Leid triumphieren wir über alles durch die Verbindung mit Christus, der uns so geliebt hat.

—*Römer 8,37*

Gottes Verheißungen ins Leben nehmen

Die hier aufgeführten Verheißungen sind spezifisch. Sie sind zu bestimmten Menschen in spezifischen Situationen gesprochen worden.
Die Situationen und Rahmenbedingungen, in denen wir sie heute lesen, sind anders als damals. Von daher kann man nicht jede Verheißung 1:1 auf die eigene Situation beziehen.
Sinnvoll ist aber, sich mit dem Kontext auseinanderzusetzen, indem man etwa die Geschichte rund um eine spezifische Verheißung liest. Und dann zu überlegen: Was zeigt sich hier von Gottes Charakter?

Kontexte und Umstände sind wandelbar – Gottes Charakter ist es nicht. Der ist und bleibt ewig derselbe.
Was übrigens eine Verheißung ist, auf die man sich verlassen kann.

Durchgetragen werden

Ich bleibe derselbe; ich werde euch tragen bis ins hohe Alter, bis ihr grau werdet. Ich, der Herr, habe es bisher getan, und ich werde euch auch in Zukunft tragen und retten.

—Jesaja 46,4

Verwendete Bibelübersetzungen

Lutherbibel, revidierter Text 1984, durchgesehene Ausgabe
© 1999 Deutsche Bibelgesellschaft, Stuttgart
23.10., 23.12.

Gute Nachricht Bibel, revidierte Fassung, durchgesehene Ausgabe
© 2000 Deutsche Bibelgesellschaft, Stuttgart
11.02., 28.07.

Hoffnung für alle
© 1983, 1996, 2002 by Biblica Inc.™, `fontis – Brunnen Basel
Alle weiteren oben nicht erwähnten Bibelstellen.

Einige Bibelstellen wurden aus Platzgründen gekürzt.
Wir empfehlen, die Stellen im Kontext nachzulesen.

Bildquellennachweise

photocase.com: judigrafie (Cover), jkardinal (19.7.), martinbuber (16.8.), lube (13.10.), carlitos (13.11.);
Hanna Bohn: 30.1., 9.2., 4.4., 12.5., 6.8., 12.8., 11.10., 18.10., 5.11., 8.11., 28.11., 5.12., 17.12., 20.12.;
Kerstin Hack: 1.2., 3.2., 8.2., 15.2., 16.2., 18.2., 23.2., 24.3., 7.4., 18.4., 21.4., 24.4., 10.5., 16.5., 29.5., 30.5., 16.6., 2.7., 11.7., 21.7., 4.8., 3.9., 20.9., 16.10., 3.11., 20.11., 21.11., 1.12., 8.12., 21.12.
Alle weiteren: pixabay.com (Public Domain)